Carta a un niño con cáncer

Elisabeth KÜBLER-ROSS

Ediciones Luciérnaga

Título original: *The Dougy Letter: A Letter to a Child with Cancer*

© del texto: Elisabeth Kübler-Ross Family Limited Partnership, 1979, 1994
Impreso por acuerdo de Elisabeth Kübler-Ross Family Limited Partnership y
The Barbara Hogenson Agency, Inc., Nueva York, NY, EE. UU. Reservados todos los derechos.
Para obtener más información sobre el continuo legado de la autora, visite Elisabeth Kübler-Ross Foundation
en:
www.ekrfoundation.org
facebook.com/ekublerross
www.instagram.com/ElisabethKublerRossFoundation

© de la traducción: Mercedes Durán Basté

Dougy nos ha dado permiso para imprimirlo y difundirlo para ayudar a otros niños a comprender estas pre-
guntas tan importantes.

Elisabeth Kübler-Ross®
Las cinco etapas de duelo®

© de la imagen de cubierta: Shutterstock / Nina Novikova

Diseño de la cubierta: Planeta Arte & Diseño

Primera edición: julio de 1991
Sexta edición: junio de 2014
Primera edición en nueva presentación: septiembre de 2015
Primera impresión: febrero de 2018
Segunda impresión: diciembre de 2018
Primera edición en esta presentación: junio de 2024

© Edicions 62, S.A, 2024
Ediciones Luciérnaga
Av. Diagonal 662-664
08034 Barcelona
www.planetadelibros.com

ISBN: 978-84-19996-30-5
Depósito legal: B. 1.029-2024

Impreso en España – *Printed in Spain*

A Dougy

de Elisabeth

Escrito para ti
el último día
de mayo de 1978

Esta es una historia sobre

LA VIDA

y las tormentas, sobre las semillas que plantamos en primavera, las flores que florecen en verano, y las cosechas del otoño. Sobre

LA MUERTE

que a veces llega demasiado pronto y para alguna gente llega tarde.

y sobre lo que significa todo esto.

Piensa en el principio de la vida y en Dios, que creó todas las cosas: el sol que brilla sobre el mundo y nos calienta, hace crecer a las flores con sus rayos, que siempre cubren la tierra, incluso cuando las nubes no nos dejan verlos.

Dios siempre nos ve, Su amor brilla sobre nosotros, y esto no cambia, seamos grandes o pequeños.

Cuando nace la gente, son pequeñas semillas, como las del diente de león, que soplamos en verano. Algunas caen en la cuneta, otras en las rocas y otras sobre el prado verde delante de una casa rica.

Lo mismo nos sucede a nosotros: empezamos nuestra vida en una casa rica, o en una familia pobre; otros empezamos la vida con unos padres que nos querían mucho y a otros los adoptaron unos padres, escogiéndolos personalmente en un orfelinato.

Algunos pueden llamarlo
"el arriesgado juego de la vida".
Pero recuerda que Dios también
se ocupa del viento, y se ocupa
tanto de aquellas semillas
como lo hace con todos los
seres vivos, especialmente los
niños.

¡No hay casualidad!
Dios no distingue, nos
quiere sin condiciones,
comprende, no juzga, es todo
amor.

Tú y Dios escogisteis a tus padres de entre muchísimos que había.

Los escogiste, pues querías ayudarlos a crecer y aprender; ellos también pueden ser tus maestros. La vida es una escuela donde se tiene la oportunidad de aprender muchas cosas como: de qué manera tratar a la gente, cómo entender nuestros sentimientos, cómo ser sinceros con nosotros y con los demás.

También podemos aprender a dar y a recibir amor.

y cuando hayamos pasado por todas las pruebas, como en el colegio, nos licenciaremos, esto es, se nos dejará volver a nuestra casa verdadera, a Dios, de donde venimos todos y donde encontraremos a todos los que amamos, como sucedió en la fiesta de fin de curso.

Esto es el momento de la muerte, cuando dejamos nuestro cuerpo, cuando hemos hecho los deberes y podemos volver a casa.

En invierno no se ve vida en los árboles, pero cuando llega la primavera, salen una tras otra, todas las hojitas...

Cuando acaba el verano, el árbol está rojo, lleno de manzanas, ha cumplido el trabajo para el que estaba destinado: su misión.

Al llegar el otoño se le caen todas las hojas y el árbol se va a "descansar" durante el invierno.

Algunas flores sólo florecen unos pocos días y todas las admiramos y las queremos por ser señal de la primavera y de la

ESPERANZA

Luego mueren, ¡pero ya han hecho lo que tenían que hacer!

Otras flores, florecen durante muchos días y entonces la gente ni se fija en ellas, esto es también lo que pasa con los viejecitos, se los ve sentados en un banco en el parque, hasta que no se los ve más, pues se han ido para siempre...

Todas las cosas en este mundo son un círculo: el día sigue a la noche, la primavera sigue al invierno.

Invierno | Primavera
Otoño | Verano

DIA
NOCHE

Cuando un barco desaparece en el horizonte, no es que se haya "ido para siempre", es que ya no está a la vista.

Intelectual (Pensamiento)
Espiritual (Dios)
HOMBRE
(Sentimiento) Emocional
(Cuerpo) Físico

Dios cuida todo lo que ha creado: la tierra, el sol, los árboles, las flores y la gente, que tiene que pasar por la escuela de la vida, antes de que les licencie.

Cuando hemos acabado
con el trabajo en la tierra
podemos dejar nuestro
cuerpo que encierra nuestra alma
como el capullo de seda a la
mariposa. Y cuando llegue
el momento, dejaremos el cuerpo y
nos liberaremos del dolor y del
miedo. Seremos libres como una
mariposa. Y volveremos a Dios,

a nuestra casa, donde
nunca estamos solos y
donde podremos crecer,
cantar y bailar... donde
encontraremos a todos los
que amamos (a los que
dejaron sus cuerpos antes
que nosotros) y donde estaremos rodeados
de todo el Amor que podemos llegar
a imaginar.

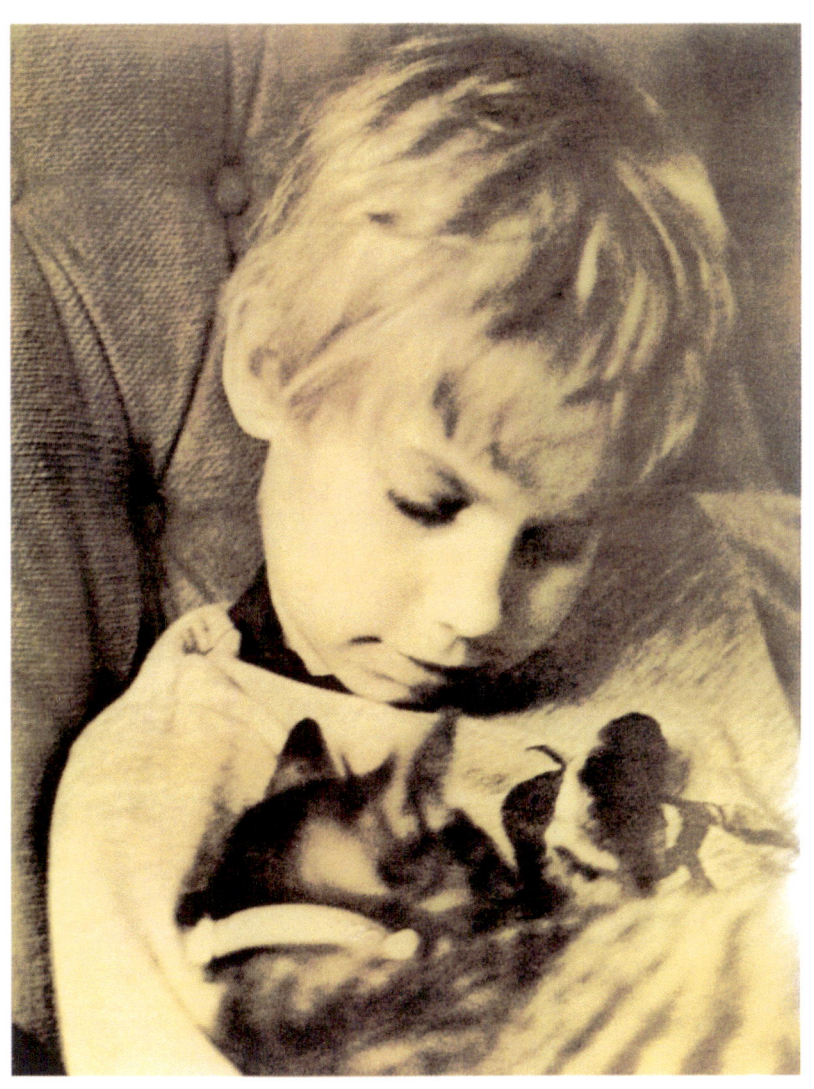

Dougy

February 8, 1968 — December 5, 1981

Photo by Dougy's sister, Megan.